ROSE

Cecilia Ripoll

ROSE

Cobogó

SUMÁRIO

Resgatar o direito ao comum, por Diogo Liberano   7

ROSE   17

Posfácio, por Cecilia Ripoll   83

Resgatar o direito ao comum

Durante a semana, Rose trabalha como merendeira numa escola pública. Aos sábados, como cozinheira num apartamento de família rica. Em espaços distintos de uma mesma cidade, duas realidades em profundo contraste: na escola, falta comida para a merenda das crianças; no apartamento, sobras de refeições servidas a poucos vão direto para o lixo. *ROSE*, dramaturgia criada pela autora Cecilia Ripoll durante as atividades da terceira turma (2017) do Núcleo de Dramaturgia SESI Rio de Janeiro, parte dessa conversa acirrada entre a falta e a fartura.

Uma das discussões mais quentes e constantes do Núcleo de Dramaturgia em 2017 foi justamente sobre o porquê de escrevermos dramaturgias. Afinal, um texto dramático serve para quê? Apenas para apresentar a realidade tal como já a vemos e vivemos? Ou poderia também modificar o que já está dado? Ou seja: o gesto de um autor, de uma autora no caso, poderia instaurar alguma diferença na dita realidade? Poderia, de fato, no papel e através de palavras, abrir outras possibilidades para a vida em curso?

ROSE nasce movida a propor caminhos e, mais que isso, também a efetivá-los. No entanto, se a protagonista busca resolver o problema da falta de merenda para os alunos da escola em que trabalha faz décadas, sabe a autora que tal solução não seria propriamente uma solução caso existisse "fora do mundo". Através de sua trama, Ripoll reanima o papel da ficção ao confiar que ficção não é mera produção de mentira, mas, ao contrário, justamente uma torção nas engrenagens do real a fim de abrir saídas criativas para dilemas cotidianos já tornados naturais.

Se "o real precisa ser ficcionado para ser pensado",* conforme sugere Jacques Rancière, a dramaturgia *ROSE* nos dá muito trabalho: Ripoll nos coloca no lugar de sua protagonista, Rose, e, em nossas mãos, ora posiciona uma panela cheia, ora uma vazia. É no contraste entre ter e não ter, entre sobras e faltas, que passamos a olhar de maneira renovada a questão. Pois não se trata de uma fábula que tenha por "tema" a fome. Trata-se, antes, de uma composição textual que, cena a cena, confronta o seu leitor com ações e reações humanas frente a dilemas inventados e perpetuados pela própria humanidade.

Nós, seus leitores, saímos do conformismo de nossas seguranças e mudamos de posição repetidas vezes: e se faltasse comida para as pessoas que amo? E se sobrasse comida, mesmo ciente de que tantas pessoas precisam disso que eu tenho em mãos e jogo fora? Eis um dilema avassalador para o qual, no entanto, desde o início da fábula, a autora já sugere uma solução: Rose, nos fins de semana,

---

* RANCIÈRE, Jacques. *A partilha do sensível: estética e política*. São Paulo: EXO experimental org.; Ed. 34, 2005, p. 58.

joga no lixo sobras intermináveis de comida no apartamento de Dona Celina. É essa a comida que precisa ser deslocada para as bocas esfomeadas que frequentam a escola na qual a protagonista trabalha.

Fim da história. Não há motivo algum para o drama. Sabemos, desde o início, o problema e a solução perfeita para resolvê-lo. No entanto, no meio do caminho, tal como a pedra de Carlos Drummond de Andrade, ainda há o ser humano. Há a ganância, o descaso, a burocracia e um punhado de afetos que anulam a potência de existir. Motivos de sobra para que o drama então recomece e cobre ainda mais trabalho de nossa atenção. Afinal, como Rose resolveria a situação da fome num mundo que condena, cada vez mais, aquilo que deveria ser de direito comum a todas e todos?

Composta após dez meses — de março a dezembro de 2017 —, período em que nos encontramos uma vez por semana para estudar e criar dramaturgias junto a uma turma composta por quinze autoras-autores, *ROSE* é também um modo específico desenvolvido e aprimorado por sua autora para responder aos desafios do mundo contemporâneo. Ressalto este aspecto porque essa foi e continua sendo uma das principais investidas do Núcleo, a saber, como investir na diversidade de modos de criação das autoras e dos autores que compõem as turmas do Núcleo a cada ano. Pois se o Núcleo é um projeto de formação dedicado a pessoas interessadas na escrita para teatro, como determinar de antemão o que é a escrita para teatro? Há um modelo de como deve ser o texto teatral? Ou ainda podemos inventar outros modos para compor dramaturgia?

Para pensar e nos fazer pensar sobre o real, Ripoll dispõe em sua dramaturgia personagens (posições) através dos quais miramos a situação da fome por distintos pontos de vista. Há Rose (a merendeira da escola e cozinheira de uma família rica), sua filha, Maria Juliana (também aluna na escola onde a mãe cozinha), e também a família da patroa de Rose, Dona Celina, mãe do menino Antônio Pedro (com idade parecida a de Maria Juliana). Além destes personagens, há também outros dois: o diretor Renato (recém-indicado para o trabalho na escola de Rose) e Carlinhos da Costa Junior (político responsável pelo desvio do dinheiro destinado à merenda das crianças).

A estrutura de *ROSE* mescla vários formatos: é sustentada por diálogos ágeis e mordazes, tem ares de romance e descrições épicas sobre sentimentos calados e declarados, geografias do corpo e da cidade, além de rodas-gigantes, *nuggets* e homens engravatados. Diz sobre o instante presente da ação, sobre o passado de seus personagens e sobre ações que ainda nem sequer chegaram. É dramaturgia que assume riscos como, por exemplo, o de aproximar pobres e ricos, empregados e patrões, partilha e ganância. As diferenças e os diferentes conversam, pois esse é propriamente o desafio da vida em sociedade. No entanto, o que se apresenta não é uma dança de oposições, mas uma dialética implacável em que diferenças são flagradas através de semelhanças imperceptíveis que as tornam contemporâneas entre si.

O que sobra à filha de Rose, a menina Maria Juliana, falta imensamente ao filho da patroa, Dona Celina, o asmático Antônio Pedro: amor. Amor mesmo, bruto e incorruptível, tal como feijão encorpado e feito a cada manhã. Nem sempre quem tem tudo tem tudo. Ripoll sabe disso e, por outras faltas que não apenas a do alimento, a dramaturga vai revelando as fundações de seus personagens. Afinal, o que poderia faltar a um ser humano que o faz arrancar de inúmeros outros aquilo considerado fundamental à sobrevivência destes?

De um biscoito da sorte eu retiro uma sábia resposta que diz muito sobre *ROSE*: "Ética se faz quando todos estão olhando. O que se faz quando não tem ninguém por perto se chama caráter." É nesse embate entre ética e caráter que personagens como Rose e o diretor Renato resplandecem imensos:

ROSE: Dar comida pra quem tem fome é errado?

RENATO: Não, não é isso. Talvez você esteja fazendo o certo, mas através dos meios errados.

ROSE: Diretor Renato, agora o senhor pensa comigo: não é melhor fazer o certo por meio do errado do que não fazer nada?

RENATO: Rose, o melhor é fazer o certo pelo meio certo.

Para tocar em questões como a da fome, a autora parece compreender que é preciso escrever os efeitos que tal questão provoca em seus personagens e não definições sobre o assunto. São as reações dos personagens ao dilema da dramaturgia que escrevem o percurso da trama e determinam suas transformações. Pois, assim como o diretor Renato é refém da coreografia burocrática da máquina pública, também Rose é refém de uma passionalidade própria que não lhe permite ficar inerte quando a solução para a fome das crianças já se encontra em suas próprias mãos.

Chamo atenção para a riqueza dos diálogos compostos por Ripoll e, sobretudo, para um aspecto intrigante em relação a eles: marca tradicional do texto dramático, em *ROSE*, o diálogo não está simplesmente a serviço de circunscrever os acontecimentos da trama. Mais do que a conversa entre personagens, nesta dramaturgia, os diálogos colocam para conversar tempos diversos da ação, atravessamentos espaciais e revelações inúmeras de estados e sensações que não caberiam numa mera troca de falas entre um e outro personagem. Penso que numa época como a atual, em que a escuta entre humanos caminha trôpega e desnutrida, só mesmo a escrita para além do dizível é capaz de refundar humanidades. Ripoll escreve sobre e a partir de afetos e afetações:

ANTÔNIO PEDRO: Rose, eu te amo Rose. Cai no chão em prantos.

ROSE: Maria, o Antônio tá em crise. Acode, acode. Fresta da porta se abre:

DONA CELINA: Que gritaria é essa aqui?

ROSE: Baixa essa faca pelo amor de Deus.

MARIA JULIANA: Toninho tá em crise, sim. E eu? E as minhas crises, dona Rose, e as minhas crises? Eu mato vocês. Eu mato vocês. Seus bando de sem alma.

ROSE: Dona Celina pisa na cozinha; território estranho. Dona Celina vê seu filho, Antônio Pedro, caído em lágrimas.

DONA CELINA: Os convidados estão chegando! Vocês querem acabar com a minha reputação?

Sem dúvida é essa a primordial diferença de *ROSE* quando confrontada com a dita realidade. Sua eficácia, se assim podemos dizer, "não consiste em transmitir mensagens, dar modelos ou contramodelos de comportamento [...]. Ela consiste, sobretudo, em disposições dos corpos, em recorte de espaços e tempos singulares que definem maneiras de ser, juntos ou separados, na frente ou no meio, dentro ou fora, perto ou longe."*

É a partir desse caldeirão de temperos e temperamentos que especulamos, através de uma composição artística, como resolver dilemas que nossos governantes não conseguem ou mesmo não parecem interessados em resolver. A diferença de Rose está aí, na sua ousadia em permanecer alegre quando a cobiça dos homens desmantela o que é público e de todas e todos. Sua diferença talvez seja a força que a faz resgatar um gesto e seus objetos de volta a sua utilidade mais comum: panela e colher de pau são para fazer comida, não para batuque na janela.

Como coordenador do Núcleo de Dramaturgia SESI Rio de Janeiro, é de extrema importância registrar a minha profunda alegria em ter a Editora Cobogó como parceira na publicação de três dramaturgias criadas por autoras e autores de nossa terceira turma: além de Ripoll e sua *ROSE*, também são publicadas as dramaturgias *Escuta!*, de Francisco Ohana, e *O enigma do bom dia,* de Olga Almeida.

Às autoras e aos autores que integraram a terceira turma do Núcleo — Antonio de Medeiros, Cecilia Ripoll, Daniel Chagas, Diego Dias, Francisco Marden, Francisco Ohana,

---

*RANCIÈRE, Jacques. *O espectador emancipado.* São Paulo: Editora WMF Martins Fontes, 2012, p. 55.

Jean Pessoa, Livs Ataíde, Luiza Goulart, Marcela Andrade, Matheus de Cerqueira, Olga Almeida, Rosane Bardanachvili e Suellen Casticini — o meu profundo agradecimento por todo o aprendizado e troca que vivemos juntos.

Diogo Liberano
Coordenador do Núcleo de
Dramaturgia SESI Rio de Janeiro

ROSE

de **Cecilia Ripoll**

A primeira encenação teatral de *ROSE*, de Cecilia Ripoll, estreou em 12 de março de 2018, no Teatro SESI-Centro, no Rio de Janeiro (RJ), como atividade de conclusão da terceira turma (2017) do Núcleo de Dramaturgia SESI Rio de Janeiro.

Direção
Viniciús Arneiro

Elenco
Ângela Câmara (Dona Celina)
Dida Camero (Rose)
Márcio Machado (Diretor Renato/Carlinhos da Costa Junior)
Natasha Corbelino (Maria Juliana)
Thiago Catarino (Antônio Pedro)

Assistência de direção
Marcela Andrade

Direção de arte
Flavio Souza

Direção musical
Tato Taborda

Iluminação
Livs Ataíde

Contrarregra
Wellington Fox

Fotos para comunicação visual
Bob Maestrelli

Fotos de cena
Paula Kossatz

Filmagem
Nathália Rodrigues

Mídias sociais
Teo Pasquini

Design gráfico
Davi Palmeira

Assessoria de imprensa
Lyvia Rodrigues – Aquela que Divulga

Produção
Clarissa Menezes

Coordenação do projeto
Diogo Liberano

PERSONAGENS

ROSE

ANTÔNIO PEDRO

MARIA JULIANA

DONA CELINA

DIRETOR RENATO

CARLINHOS DA COSTA JUNIOR

—— *Vozes-interferência espalhadas ao longo da trama*

1. PANELA DE PRESSÃO

ROSE: Feijão aguado é que me parte o coração. O grande lance do feijão é saber preparar o caldo, o caldo bom. E caldo bom a gente precisa de grão pra amassar, quando estiver assim já bem molinho...

— *Tia Rose, pode repetir?*

ROSE: Mas falta, entende? Falta comida lá na escola. Feijão aguado é que me parte o coração. Aí eu parto a carne fininha, fininha também.

— *Tia Rose, pode repetir?*

ROSE: Às vezes eu me sinto... moída.

— *Tia Rose, pode repetir?*

ROSE: Congelada.

— *Pode repetir?*

ROSE: Congelada.
A carne passada. Parece até que eu tô vencida.
Se você repete depois falta pro colega.
Eu trabalho de merendeira já vai fazer vinte anos. De segunda a sexta.

Não é bem uma vida possível de ser levada até o fim. Mas nem de ser largada. Tem certas coisas que a gente vive e não sabe como Deus permite. Não sabe.

—   *Tia Rose?*

ROSE: Até que eu tive que entrar de licença. A pressão subiu, diretora Márcia me mandou pra casa; que eu só voltasse com alta pra trabalhar.

Foi no dia da confusão. Já tavam os ânimos todos lá em cima por causa da fome. Barriga roncava e a gente já nem sabia de quem. Eu calculando tamanho de colherada pra poder dar pra todo mundo.

—   *Tia você botou mais pra ele do que pra mim.*

ROSE: Pegou o prato do outro menino e tacou no chão. O menino igual uma fera foi pra cima dele. Os outros se meteram. Quis separar, queimei minha mão na confusão. Tiraram o canivete e daí virou briga de gangue. Maria Juliana tomou partido de um lado, eu agarrei querendo tirar ela dali do meio, o menino veio e me tacou longe.

—   *Tia Rose não se mete. Senão vai sobrar pra você.*

ROSE: Foi quando me vi ali no chão, toda machucada, queimada. Minha filha no meio da briga, as crianças todas se agredindo. Aquela escola é meu coração. Foi feio demais. A cabeça começou a esquentar, pressão subiu, subiu... Foi Maria Juliana olhar pra mim e chamar diretora Márcia, quando ela viu que era grave.

	Então que eu só pisasse lá de novo com alta. Foi recomendação médica.
	Cadê que eu melhorei estando longe? As vozes ficam na minha cabeça.
——	*Tia Rose, pode repetir?*
ROSE:	Eu deito na cama de noite pra dormir e, quase pegando no sono...
——	*Você colocou mais pra ele do que pra mim.*
ROSE:	Eu ponho o prato na mesa, a comida olha pra mim e diz:
——	*Tia Rose, pode repetir?*
ROSE:	Mas pelo menos eu segui trabalhando na dona Celina. Senão a cabeça pifava mesmo. Maria Juliana sempre comigo.

2. O QUARTO DA ROSE

ANTÔNIO PEDRO: A casa era imensa e o quarto da Rose era o único lugar onde eu não podia entrar. Por quê? Rose era de poucas palavras e tinha muitas dobras no corpo, que me deixavam hipnotizado. De segunda a sexta eu esperava o sábado — o sábado —, quando de novo eu sabia que veria Rose. Minha mãe era magra, muito magra, sempre foi magra.

DONA CELINA: Antônio Pedro, mamãe está de saída.

ANTÔNIO PEDRO: A minha mãe não tinha dobras de gordura e eu podia entrar no quarto dela na hora em que quisesse. Mas Rose... Rose tinha gorduras que soavam como almofadas sorridentes e ela também tinha um quarto — onde eu não podia entrar.

DONA CELINA: Cadê o beijo da mamãe?

ANTÔNIO PEDRO: Rose era de poucas palavras. Guardava mistérios por entre as dobras do corpo?

DONA CELINA: Pilates. Mamãe vai para o pilates. Achei um estúdio aqui do lado. O espaço é bem pequeno, mas é uma graça.

ANTÔNIO PEDRO: A casa era imensa, mais imensa ainda perto do meu pouco tamanho. O quarto dela era, talvez, do tamanho de um dos banheiros, mas, como NÃO SE PODIA ENTRAR NO QUARTO DE ROSE, ele assumia para mim proporções gigantescas, enquanto todo o resto da casa era de uma grandeza inútil.

A Rose vinha aos sábados.

A Rose gostava de usar rosa.

A Rose tinha um quarto onde eu não podia entrar.

Os ingleses, os franceses, os portugueses! Eles estão chegando! O navio mais rápido do mundo. O navio que tem asas e que solta fogo. Por enquanto o navio mais rápido é o dos franceses, com certeza. Não, não, o dos portugueses. Caravelas. Ondas gigantes, mas eles não desistem, eles não vão desistir. Atravessaram o mar Mediterrâneo e muitos morreram. Foram perseguidos por tubarões da Idade Média. E não desistiram. Os mapas, as bússolas, as embarcações.

Atenção, ela foi até a sala atender o telefone.

Nada mais poderá me impedir: Terra à vista! Terra à vista!

Abri a porta.

Uma menina.

Ela parecia uma mini-Rose.

Foi um choque, para os dois. A Rose--miniatura era do mesmo tamanho que eu, mas dentro do quarto da Rose-original parecia um gigante dos mares; tinha dois olhos — assim como eu —, mas eu esqueci que tinha olhos enquanto olhava para ela. Mini-Rose estava desenhando no chão e foi pega de surpresa. Ficamos parados, completamente parados, nos olhando: de alguma forma a gente sabia que aquele encontro não era para ter acontecido.

Rose gritou da sala: Antônio Pedro vem fazer sua nebulização!

A menina riu.

MARIA JULIANA: O que era nebulização?

Antônio Pedro era o nome dele. Antônio Pedro. Antônio Pedro bem penteado. Antônio Pedro de pele muito branca e dois olhos claríssimos de piscina do estrangeiro. Antônio Pedro que vem fazer nebulização.

Toninho, olha que sua mãe depois briga comigo.

A minha mãe gritou.

A minha mãe gritava. Era costume. Mas ela gritava comigo — sempre comigo; sua filha. Naquela pequena frase "Toninho, olha que sua mãe depois briga comigo", descobri que:

um) Toninho era a maneira como minha mãe chamava o filho da patroa;

dois) Minha mãe também gritava com Toninho;

três) Minha mãe gritava com Toninho porque Toninho por sua vez tinha uma mãe que gritava com a minha mãe, caso a minha mãe não gritasse com ele.

Mas o que era nebulização? Por que é que ele soltava um chiado fininho enquanto respirava?

ANTÔNIO PEDRO: Ouvi os passos da Rose se aproximando da cozinha e gelei.

ROSE: Valha-me Deus minha Nossa Senhora!

MARIA JULIANA: O que não era pra ter acontecido aconteceu.

ROSE: Valha-me Deus minha Nossa Senhora!

MARIA JULIANA: Antônio Pedro podia ter escolhido não abrir a porta do quarto.

ROSE: Maria Juliana, o que foi que eu te falei, Maria Juliana?

MARIA JULIANA: Antônio Pedro não conseguiu obedecer. Antônio Pedro, apesar de bem penteado e limpo, foi um menino desobediente.

ROSE: Que você ficasse quietinha pra não atrapalhar o emprego da sua mãe.

ANTÔNIO PEDRO: A casa era imensa e o quarto da Rose era o único lugar onde eu não podia entrar. Não assumi a autoria do crime e Maria Juliana (por algum motivo) não me acusou. Mas se eu estava com a mão na maçaneta e Maria

Juliana estava sentada dentro do quartinho, o barbante que marcava a cena do crime não podia ter sido mais claro:

Era eu — obviamente eu! — o culpado.

Mas Rose culpava Maria Juliana.

Rose culpava Maria Juliana não por acreditar que ela de fato fosse culpada, mas, antes, por saber que ela era uma extensão de si que não deveria estar ali.

Rose! Eu puxava o ar com força. Rose! Ela tremia. Eu não vou contar nada para mamãe! Podemos (eu puxava o ar) por favor (mais ar) fazer então (e mais ar) a nebulização?

3. SENTOU-SE PARA DESCANSAR E MORREU

DONA CELINA: Sentou-se para descansar e morreu.

ROSE: Era o que a dona Celina dizia, assim mesmo, bem nesse tom, quando o menino perguntava:

ANTÔNIO PEDRO: Por onde ia o avô?

DONA CELINA: Sentou-se para descansar e morreu.

ROSE: Bem assim. Ela não falava, vamos supor: Oh meu filho, seu avô tá em outro plano. Seu avô agora tá no céu. Seu avô fez uma viagem longa e não volta mais. Seu avô virou estrela. Sentou-se para descansar e morreu? Assim? Nada pra amaciar um pouco a cabeça do moleque?

Resultado: o Toninho tinha medo de descansar. É, tinha medo. Ele não parava quieto um segundo.

Resultado: o Toninho vivia com crise de asma.

Repara então na cadeia hereditária daquela casa: o avô morreu descansando; a mãe não sabia explicar que o avô morreu porque morreu, morreu porque se morre, de maneira geral, quer dizer, a gente morre. Costuma morrer. Então, do jeito que ela explicava pro menino ficava parecendo uma coisa assim de que se a gente senta de repente pra descansar corre o risco de morrer, tipo: sentei, morri. Tipo: me distraí e quando vi já tinha morrido. Como quem perde o ponto de saltar do ônibus. Aí que o menino então tinha uma doença — uma asma — que era fruto de tanto que ele corria da morte. Aí que a doença dele deixava a mãe doida com medo dele morrer.

Dia de sábado, lá estava ela: dona Celina, arrumada, penteada, aparência saudável de novela. Mas no fundo eu sabia — e só eu sabia — era medo; medo, a corrente de ouro que ia em volta do pescoço limpo daquela mulher.

4. FARTA OU FALTA?

— *Querida, que bom que você veio.*

— *Imagina se eu ia perder.*

	Soube que seu marido está pensando em se lançar.
ROSE:	Dia de sábado lá estava ela, dia de sábado lá estava eu. Só festa farta, muito trabalho. De noite, os convidados. No abre e fecha da porta da cozinha a gente escuta as vozes...
	E as ações na bolsa, como vão?
	Vão bem. Muito bem. Otávio conseguiu subir a participação na empresa de quatro para cinco por cento. Você soube da fusão?
ROSE:	Até distrai. Mas não apaga não, o trauma do dia que minha pressão chegou a 22. Receita: Losartana Potássica, cinquenta miligramas. Repouso e acompanhamento médico. Mas remédio, licença, consulta... nada disso para com as vozes na minha cabeça. As vozes de lá ficam entrando em cima das vozes de cá. E vice-versa. Tudo junto, martelando igual bife o meu raciocínio.
MARIA JULIANA:	Bate! Bate! Bate o sinal. A porta das salas todas abrem igual jaula de leão faminto. Sai todo mundo correndo. Faz fila, pega o prato.
	Tia Rose, você colocou mais pra ele do que pra mim.
	Do jeito que ele falou parecia até que ele queria bater na minha mãe.
	Dei logo um empurrão pro garoto se situar. Partiu pra ignorância? Eu parto também. Pedaço de vidro do prato quebrado quando eu vi já tava na minha mão, eu com braço pro alto ameaçando. Moleque besta. Nunca gostei dele mesmo. Maria Juliana, larga isso

pelo amor de Deus, Maria Juliana. O que foi que eu te falei? Que você ficasse quietinha pra não atrapalhar o emprego de sua mãe. Mas Maria Juliana não sabe ficar quietinha. Comigo não. Bate! Bate! Bate o sinal. Os alunos todos voltam pra sala igual leão enganado.

— *Ah, a cidade está muito violenta.*

— *Terrível. Um horror.*

— *Pois é, a gente se pergunta onde isso tudo vai parar, não é?*

— *Aceita mais um champanhe?*

— *Obrigada.*

ROSE: Grandes festas para poucos escolhidos. Ou pequenos jantares só pra quem eles consideram grandes.

— *Tia Rose, com quem você tá falando? Posso falar também?*

ROSE: De segunda a sexta pouca comida que a gente precisa fazer parecer que é muita. Sábado, muita comida e a gente tem que fazer parecer que é pouca.

ROSE: Lá na dona Celina? *Carpaccio*, *quiche*, caviar... entregam tudo de bandeja. Na escola é salsicha, macarrão, leite em pó. Leite em pó. Em casa de rico não tem leite em pó. Quer dizer, tem leite, e tem pó. Mas cada coisa no seu momento.

— *A Rose é ótima. Nunca me deu trabalho. Cozinha superbem, é quietinha, chega, faz o trabalho dela e no dia seguinte sai, a gente nem vê.*

— *Ai, a minha está me dando um trabalho.*

— *É mesmo, é?*

— *Agora ela inventou que quer aprender inglês, acredita?*

— *Mentira?*

— *Me sai com uma dessas: "Queria pedir para a senhora se podia me liberar mais cedo na quinta-feira..." Acabei concordando, né. Mas é um prejuízo para mim. Se parar para contar o quanto eu gasto com ela...*

— *A gente tem é que melhorar essas regras trabalhistas. Para poder negociar mais diretamente. Otávio se lançando, é um dos projetos.*

— *Já tem meu voto.*

ROSE: Eu não tenho assim vínculo "obrigatício" formalizado com a dona Celina, porque sai mais caro pra ela. Aí, resultado: ela ia me pagar menos. Ela disse que sem formalizar ela podia me pagar melhor. Eu aceitei, claro.

— *Tia Rose?*

ROSE: Fico é exausta quando termina a festa. Mas cadê que eu durmo? É botar no travesseiro a cabeça e volta o dia da briga, os olhares ardendo mais do que fogão.

MARIA JULIANA: Seria então um domingo de manhã. Como sempre, Rose e Maria Juliana estariam lá — um pouco automáticas, é verdade —

recolhendo as sobras de comida da noite anterior. Como sempre, juntariam tudo naqueles sacos de lixo grande para botar fora. E depois iriam embora. Rose estava dando o terceiro passo em direção à lata de lixo, quando interrompida pelo comentário de Maria:

Aqui sobrando e lá faltando.

ROSE: Rose se treme inteira por dentro o corpo estarrecido pausado no meio do caminho como um passo perdido no ar o que foi que você disse minha filha?

MARIA JULIANA: Aqui sobrando e lá faltando.

A mãe desfaz então o nó — o nó que tinha dado no último saco. Um gesto simples: desfazer um nó.

Ali, virou O GESTO.

Desfazer o nó do saco que separa vidas, bocas, barrigas. O caso seria somente de levar a sobra de um para falta de outro.

ROSE: Seria o fim da licença médica e já estava decidido. Seria o fim das vozes e estava também decidido. Agora as vozes seriam outras. As risadas, eu até já podia ouvir. Eu voltaria para a escola de mão cheia. Eu voltaria acompanhada, eu voltaria acompanhada de muita comida. E voltavam também as crianças, o pátio ensolarado, as correrias que me botavam doida.

5. FARTURA NA ESCOLA

— *Tia. Tia. Tia.*

ROSE: Com meu vestido preferido cor-de-rosa, eu voltei. Voltei pra ficar. Atravesso o portão carregada de coisa, eles me veem de longe e correm:

— *Tia. Tia. Tia.*

ROSE: Eles correm e de mim escorre. Escorre lágrima, de ser até bom mesmo essa coisa de poder voltar.

— *Tia, o que que você trouxe? É de comer?*

ROSE: É, é de comer.

Eu fiquei quase sem ar, porque eram três turmas juntas que já tinham me visto e me escalavam igual montanha.

MARIA JULIANA: Ô, assim vocês vão sufocar a minha mãe.

ROSE: Deixa, Maria. É saudade. Segura aqui pra não derrubar.

MARIA JULIANA: Larga, então.

ROSE: Aqui, Maria Juliana. Pega as sacolas também. Vai pondo a mesa lá no refeitório, vai.

— *Tia Rose, pode repetir?*

MARIA JULIANA: Ela abria o sorriso largo — tempo que eu não via aquele sorriso — e enchia o prato de novo com vontade. Empadão, panqueca, pudim. Ela cantava. Empadão, panqueca, pudim. Tia Rose, pode repetir? Empadão, panqueca, pudim. E no fim do almoço teve o coro da merenda. O coro da merenda era que a gente inventava música com o cardápio do dia. E foi assim a semana toda.

Era festa, era festa!

— *Abraço coletivo na Tia Rose!*

MARIA JULIANA: Abraçavam minha mãe, jogavam ela pro alto, as dobras sorriam voando em câmera lenta.

Empadão, panqueca, pudim.

Ali, Maria Juliana cantando. Ali, Maria Juliana comendo. Empadão, panqueca, pudim. As colheres voavam pela cantina em dança. Mas o olho claríssimo de piscina estrangeira não largava do pensamento dela. Empadão, panqueca, pudim. Os olhos, a nebulização, o cabelo penteado e a cara de quem nunca tomou um tombo ou roubou uma caneta. Antônio Pedro. Tia Rose, pode repetir? Empadão, panqueca, pudim. Empadão, panqueca, pu...

RENATO: Com licença. Por favor, por favor, podemos fazer silêncio?

MARIA JULIANA: Restou uma menina magrinha no fundo da cantina — coitada — a única que não ouviu o chamado do homem e ainda cantou mais uma vez sozinha, a voz fina;

Empadão, panqueca, pudim.

Todos riram. Ele não.

RENATO: Com licença, gente. Boa tarde a todos os alunos e funcionários da Escola Monteiro Lobato. Como vocês já sabem — já devem saber, eu imagino —, a diretora Márcia foi transferida para outra escola. Eu sou o novo diretor de vocês. Para mim, é uma grande honra e também um desafio ocupar um cargo como esse. Eu me chamo Renato Andrade e vocês podem me chamar de diretor Renato. Bom, vocês podem contar comigo para o que for necessário, eu vou dar o melhor de mim para colocar essa escola nos eixos.

— *Tio Renato, pra que time que você torce? Tio Renato, e o que que quer dizer "eixos"?*

RENATO: Vamos nos acostumar com DIRETOR Renato? Olha, essa coisa do time, depois a gente conversa, está bem? Mais importante do que isso é o seguinte: vamos precisar de algumas regrinhas para melhorar a nossa convivência e o rendimento de vocês em sala de aula, que, pelo que pude acompanhar, está bem deficiente. Amanhã devo passar de turma em turma para a gente levar uma conversa.

6. SÁBADO, MARIA JULIANA

ANTÔNIO PEDRO: Eu não estou nervoso eu nunca senti isso mas parece que a asma piorou ou melhorou ou as duas coisas juntas é sábado mais uma vez e sábado significa Maria Juliana? Eu quero abrir a porta e nada da Rose se distrair parece que ficou mais proibido ainda eu estou de olho qualquer pequena saída dela até o banheiro ou a sala e zás: é a minha chance. Antes o quarto da Rose era misterioso porque eu não sabia por que eu não podia entrar. Agora o quarto da Rose é misterioso porque eu sei o porquê de não poder entrar. A Rose está ouvindo o que eu penso. A Rose tem faro para pensamento igual ela tem pra tempero.

A porta! A porta do quarto.

MARIA JULIANA: Abri uma fresta. Ele parece um cachorro esperando o dono pra passear.

ROSE: Toninho, tá muito quieto você hoje. Eu nunca vi você assim. (Perdeu o medo de morrer?)

Dona Celina. Pensei. A senhora aqui na festa. Antônio Pedro fica sem companhia. Acha ruim se eu levo ele pra gente dar uma volta na pracinha? Tá tendo feira.

DONA CELINA: Feira, de noite?

ROSE: Feirinha, dona Celina. Quermesse. Pra gente espairecer. Já já trago o Toninho de volta.

DONA CELINA: Está bom, Rose. Olha, eu te agradeço até. Antônio Pedro não dá um descanso para a gente. Parece que está sempre nervoso, sabe? Eu fico até preocupada. Ele não se concentra direito nos estudos — é o que dizem as professoras todas.

ROSE: Preocupa não, dona Celina. Deus-sabe-o-que-faz.

MARIA JULIANA: E Rose também sabia o que fazia. Não sabia? A tarde inteira eu sei, eu conheço a minha mãe, ela estava nervosa, porque sentia Antônio Pedro não mais o mesmo. Sentia Antônio Pedro numa calma estranha.

ANTÔNIO PEDRO: Calma estranha? Eu estava supernormal. Talvez ela sentisse o nervosismo dela, da Maria Juliana, diante daquele menino tão, tão...

MARIA JULIANA: Sentia os hormônios subindo da panela quente. A cozinha sufocada de afetos e a festa vinda da sala fria, sem paixão.

ROSE: Resumindo, eu falei assim: vou tirar essas crianças de casa que parece que eles estão meio querendo se matar ou se amar — eu não sei muito bem. E eu não sei muito bem se querer matar e querer amar é uma coisa que tá assim tão longe uma da outra. Mas sei que:

Vamos dar uma volta na praça. Está tendo quermesse.

ANTÔNIO PEDRO: Quermesse? Que isso?

MARIA JULIANA: E fomos.

7. PEDAÇO DE BOLO; PEDAÇO DE TORTA

RENATO: Eu sei que, com o passar do tempo, as estruturas institucionais vão vencendo o ânimo das pessoas. É claro, eu entendo, sem dúvida, eu sou capaz de entender muitas coisas. Mas eu tenho estudado alguns modelos europeus de escolas de vanguarda extremamente interessantes,

— *Tio Renato, vamos bater parabéns?*

RENATO: Diretor Renato. Ah, essa mania brasileira de *tio*.

—   *Diretor Renato, mãe tem til? Ou chapéu?*

RENATO: O Brasil não vai progredir enquanto não tiver um sistema educacional decente. Eu sei que sou só o diretor novo de uma escola de periferia caindo aos pedaços, mas,

—   *Pedaço de bolo?*

RENATO: Com as cadeiras todas tortas e,

—   *Pedaço de torta?*

RENATO: As mesas enferrujadas.

—   *Pedaço de bolo; pedaço de torta; pedaço de bolo; pedaço de torta.*

RENATO: Mas o que eu puder fazer aqui, no micro, na minha esfera, entende? Eu sei que é um trabalho de formiga.

—   *Deu formiga no bolo, deu formiga na torta.*

RENATO: Mas afinal, que gritaria é essa na cantina? Já não bateu o sinal?

ROSE: Diretor Renato o senhor aceita uma fatia de bolo?

RENATO: De onde saiu tanto doce? Açúcar em excesso agita as crianças.

ROSE: Dá ânimo para os estudos. É que hoje é aniversário da Jéssica, da 704.

MARIA JULIANA: Tio Renato, o senhor não vai me dar parabéns?

RENATO: Parabéns, Jéssica.

ROSE:	Maria Juliana, fica quieta. Essa não é a Jéssica. Me desculpa, sim? Ela tá brincando.
RENATO:	A senhora... Como é mesmo seu nome?
ROSE:	Rose.
RENATO:	Rose, isso, Rose. Olha, Rose, eu acho muito bonita essa sua iniciativa de providenciar isso tudo, esse banquete tão farto, para a comemoração de aniversário de um de nossos alunos.
MARIA JULIANA:	Aluni.
ROSE:	Maria Juliana se aquieta.
RENATO:	Mas é ...?
ROSE:	Rose.
RENATO:	Isso, Rose. De onde saiu toda essa comida aqui? Eu espero, sinceramente, que você não esteja gastando a merenda destinada ao mês inteiro para uma simples comemoração.
ROSE:	Não estou não, seu Renato. Pode ficar sossegado. Trabalho aqui já vai fazer vinte anos. Aprendi a multiplicar comida igual Cristo.

8. O MAIOR GIGANTE DA RODA

ANTÔNIO PEDRO: As luzes giravam ao redor de Maria Juliana. Maria Juliana girava ao redor das luzes. A roda-gigante era furreca, mas até que era bonita.

MARIA JULIANA: Esteja claro que não era como aquelas que o menino já tinha visto quando viajou pro estrangeiro.

ROSE: Maria Juliana você larga de ser implicante.

MARIA JULIANA: Esteja claro que não era como a...

ANTÔNIO PEDRO: London eyes.

MARIA JULIANA: O que é LONDON EYES?

ANTÔNIO PEDRO: Olhos de Londres.

ROSE: Olhos de longe?

ANTÔNIO PEDRO: É longe sim. Muitas horas de avião.

MARIA JULIANA: [*imitando seu tom de voz*] Muitas horas de avião.

ROSE: Maria, já chega. Quer voltar pra casa, quer?

MARIA JULIANA: Casa de quem?

ANTÔNIO PEDRO: Minha casa.

MARIA JULIANA: Silêncio estranho.

ANTÔNIO PEDRO: A Rose pôs a gente pra dar uma segunda volta na roda-gigante furreca e foi comprar um refrigerante.

ROSE: Ô moço, me arruma uma gelada por amor de Cristo.

ANTÔNIO PEDRO: A roda girando, as luzes, Maria Juliana. Eu comecei a sentir um frio na barriga.

MARIA JULIANA: Antônio. Você já beijou alguma vez, já?

ANTÔNIO PEDRO: O quê?

MARIA JULIANA: Perguntou "o quê" só pra ter mais tempo de pensar na resposta.

Beijo na boca. Alguma vez você já deu? Duvido.

ANTÔNIO PEDRO: Já. Já sim.

As luzes começaram a se confundir com a minha tentativa de criar a mentira mais rápida do mundo, uma mentira *express*, uma mentira que girasse mais rápido que a roda — o que não seria assim tão difícil porque era uma roda furreca. Mas mesmo assim quem? Como? Frio de barriga quente começou a fazer como uma panela dentro de mim, uma panela imensa que era cozinhada pelo olhar inquilino, não, inquilino não, eu quis dizer "inquisidor":

Luiza, do cursinho de inglês.

MARIA JULIANA: Mentira. Você mente, Antônio Pedro. Seu olho é claro, mas você mente.

ANTÔNIO PEDRO: Não minto.

MARIA JULIANA: Mentiu de novo agora, dizendo que não mente.

ANTÔNIO PEDRO: Ela segurou a minha bochecha. Aproximou a cabeça da minha. Parecia o maior gigante da roda inteira. Senti o cheiro dela. A boca de Maria tocou na minha por um momento. Um momento só.

MARIA JULIANA: Pronto. Agora se eu te pergunto: Antônio, você já beijou alguma menina? O que que você responde?

ANTÔNIO PEDRO: Já.

MARIA JULIANA: Pronto, você não é mais mentiroso.

ANTÔNIO PEDRO: E gargalhou. REPITO: ela gargalhou.

A Rose, um ponto pequenininho lá embaixo, mas mesmo assim eu podia ver que ela estava com a cara brava, a cara de quem pressente que sua filha está sendo má, como é, como costuma ser. Um calor estranho na barriga, a roda que não descia nunca e, de repente, uma vontade. Uma vontade de ir ao banheiro.

MARIA JULIANA: A barriga dele começou a fazer barulhos.

ANTÔNIO PEDRO: Mas Maria Juliana mal podia ouvir porque sua gargalhada estridente insuportável cobria o parque inteiro. Maria Juliana tinha esse problema, de rir muito alto, de falar sempre muito alto.

MARIA JULIANA: A roda não descia nunca e o cheiro começou a ficar bizarro.

ROSE: Quer dizer, eu levo o menino um dia — um único dia — pra fora de casa, pra passear, e o menino me caga nas calças? É muita falta de sorte. Como é que um menino grande desses me caga nas calças? Maria Juliana o que você fez pra ele?

MARIA JULIANA: Fiz ele deixar de ser mentiroso. Mas só que agora ele virou cagão. Ca-gão!

ROSE: Cala a boca, Maria Juliana.

ANTÔNIO PEDRO: O caminho de volta para casa foi o pior caminho da minha vida. Ela ria, ria, ria. E eu me

	controlava. Já não bastava estar com a calça toda borrada, ainda por cima eu ia chorar?
ROSE:	Maria Juliana você não vê que o menino tá quase chorando?
MARIA JULIANA:	Cagão. Mentiroso e cagão.
ROSE:	Tá querendo apanhar, é?
ANTÔNIO PEDRO:	Entramos pela porta da cozinha, Rose fechou a Maria Juliana no quartinho e depois ela bem que tentou me dar banho no banheiro dela, mas a minha mãe tinha ouvido a gente chegar.
DONA CELINA:	Rose, querida, o que foi que você deu para o meu filho comer, pelo amor de Deus? Rose, por acaso você esqueceu que ele é intolerante a glúten e lactose?
ROSE:	Esqueci não senhora.
DONA CELINA:	Rose, não é possível, o Antônio Pedro nunca foi de fazer cocô nas calças. Alguma coisa de errado, de estragado você deu pra ele comer. Fala, meu filho. Para de chorar um pouco. O que foi que te fizeram?
ANTÔNIO PEDRO:	Mãe. Mãe.
DONA CELINA:	Fala, Antônio.
ANTÔNIO PEDRO:	A Rose tem uma filha que ela traz toda vez que ela vem trabalhar e ela deixa a filha dela escondida no quarto dela, mãe.
MARIA JULIANA:	Mentiroso, cagão e dedo-duro.

9. CERTO PELO MEIO CERTO?

RENATO: Rose, faça o favor.

ROSE: Com licença.

RENATO: Rose, você está trazendo comida por conta própria para os nossos alunos?

ROSE: Estou sim, senhor.

RENATO: Mas isso que você está fazendo é proibido. Por lei. Isso não está certo.

ROSE: Dar comida pra quem tem fome é errado?

RENATO: Não, não é isso. Talvez você esteja fazendo o certo, mas através dos meios errados.

ROSE: Diretor Renato, agora o senhor pensa comigo: não é melhor fazer o certo por meio do errado do que não fazer nada?

RENATO: Rose, o melhor é fazer o certo pelo meio certo.

ROSE: Como é que é isso?

RENATO: Olha só, a primeira coisa que eu fiz quando assumi aqui o cargo de diretor, quando eu vi que a merenda era insuficiente,

ROSE: Insuficiente? Não serve nem dez crianças num dia.

RENATO: Você vai deixar eu falar? Quando eu percebi esse problema, certo, esse problema gravíssimo, a primeira coisa que eu fiz foi solicitar uma visita do fiscal da prefeitura para que a gente entre com um novo pedido. A gente vai abrir uma licitação para...

ROSE: Sabe há quanto tempo a gente vive essa situação? O senhor sabe o que é ver criança emagrecer na sua frente e ter que fazer um feijão que é água pura?

RENATO: Rose, eu quero o mesmo que você. Mas eu preciso que você me entenda. Eu já entrei com o pedido de visita do fiscal. Se ele chega aqui — e ele pode chegar a qualquer momento —, se ele chega aqui e vê toda essa fartura de comida...

ROSE: Tem 15 anos que a gente espera a visita do fiscal.

RENATO: Nada justifica, Rose. Tirar um bem de uma pessoa sem que ela saiba.

ROSE: Diretor Renato, sabe o que me deixa pra morrer? É fazer o errado pelo meio errado. Esses dias deu na rádio: Carlinhos da Costa Junior, deputado federal. Investigado por desvio de dinheiro de merenda escolar. Agora o senhor vê, e eu aqui. Querendo desviar uma comida boa que ia pro lixo pra poder ir pra boca das crianças e... Imagina. É tudo muito engraçado. Carlinhos da Costa Junior. Não é a primeira vez que eu escuto falar no nome desse sujeito. Diz que ele comanda muita coisa. O pai do Douglas, da 602, que me contou.

RENATO: Rose, por favor, eu mais do que ninguém quero resolver a situação, mas você não está colaborando. A coisa precisa ser por vias legais. A gente precisa reivindicar o que é nosso, por direito. Preciso que você me ajude a te ajudar.

ROSE: O senhor quer me ajudar? Então manda um Uber me buscar lá na porta da dona Celina, que eu saio todo domingo carregada de panela e sacola. O diretor acha que levo alguma vantagem de fazer o que tô fazendo? Ah, faz favor. Eu tô com as costas que não me aguento de carregar peso. Se não é Maria Juliana dividindo o peso das coisas. E o pai do Douglas dando uma carona de vez em quando.

RENATO: Pois então, Rose, é para o seu bem também.

ROSE: Meu bem não senhor. Meu bem não senhor. Eu tô toda escangalhada mas tô feliz. A alegria que eu sinto quando entra na minha concha aquele caldo grosso de feijão. Quando eu vejo os meninos provar comida nova. E perguntar tia Rose, que isso, tia Rose?

RENATO: Ela sabe disso que você vem fazendo?

ROSE: Dona Celina se importa, diretor Renato, a comida ia pro lixo. Sou eu quem faço as compras no mercado, já tem mais de dez anos.

RENATO: É você quem faz as compras?

ROSE: Ué, se sou eu que vou no mercado. O senhor acha que eu confiava em outra pessoa pra apalpar os legumes? Pra quebrar pontinha de quiabo?

RENATO: Rose, você está comprando comida a mais? Ela não te pede as notas?

ROSE: E tô vendo que é um tal de jogar quilo e mais quilo de comida fora. Comida boa.

RENATO: Rose, de onde sai tanto feijão? Se é casa de gente importante, eles por acaso servem feijão nas festas?

ROSE: Serve caldinho. De feijão gourmet. Sabe como é que faz comida gourmet? A gente cozinha do mesmo jeito, igualzinho, mas põe num potinho bem-apresentado, um enfeite em cima e...

RENATO: Você sabe o que as mães das outras escolas aqui do bairro tão comentando? "Qual é a vantagem que a Monteiro Lobato tem sobre as outras? Por que que as crianças de lá tão engordando? Por que que as outras continuam com aquela barriga de verme e o braço magro?" E outra, o que tão dizendo é que agora vem criança infiltrada de outras escolas para comer aqui. E estudar? Estudar, que é bom, ninguém quer. Onde já se viu criança de escola pública provando salmão?

ROSE: O quê?

RENATO: Salmão, Rose, salmão. Na escola pública.

ROSE: Deus que te perdoe, diretor Renato. Deus que te perdoe. Eu com meus nove anos ia pra escola e tomava leite C. Acho que isso não é do seu tempo. Aliás, do seu tempo é esse pessoal aí que nem leite mais bebe porque diz que dá negócio de intolerância. No meu tempo, não. E o leite C era um leite ralinho, mais água de que leite, igual o feijão que eu era obrigada de servir aqui. Falem o que quiser falar do Brizola, e nenhum desses políticos é santo que eu saiba. Mas quando me começaram a dar leite A em vez de

	leite C, meu senhor. Aí que deu pra começar a concatenar com os raciocínios. Aí é que sim. Antes, não. Antes, impossível.
RENATO:	Se essa situação causa qualquer problema para a escola.
ROSE:	Pra escola, leia-se, para o senhor, não é?
RENATO:	Não é certo você tirar os bens de uma família honesta. Uma família que trabalhou para ter o dinheiro que tem. Quem tem que dar o dinheiro para merenda é a prefeitura. Funciona assim, em qualquer país civilizado. Na Europa, não sei se você sabe,
ROSE:	Isso é Brasil.
RENATO:	Se a gente não exigir que eles abram uma nova licitação,
ROSE:	O dinheiro se perde no caminho.
RENATO:	Se a gente não exigir o que é nosso por direito,
ROSE:	E enquanto a gente exige, as crianças vão morrendo de fome? Tem que ir dando um jeito. Diretor Renato, nunca que fiscal vai me bater aqui nessa porta. Com o perdão da palavra, tão todos é cagando pra essa escola de fim de mundo.
RENATO:	A questão é que isso não é o certo.
ROSE:	E que que o senhor vai fazer? Vai me proibir de entrar com as panelas? Vai me proibir de entrar com as compras? Tem um pessoal brabo aqui na comunidade, o senhor sabe? Sabe quem é o pai do Douglas, da 602?
RENATO:	Acabei de assumir, Rose.

ROSE: Os pais já contam que os filhos vão chegar bem alimentados em casa. E se eles ficam sabendo que a falta de comida é por sua culpa?

RENATO: Mas não é minha culpa, Rose.

ROSE: Ah, mas vai explicar isso pro pai do Douglas. Vai que ele dá um rumo no senhor?

RENATO: Rose, por acaso você está me ameaçando?

ROSE: Eu? Longe de mim, diretor Renato. Longe de mim. Eu só tô dando um panorama da situação. O senhor podia muito bem fingir que não via.

RENATO: Não podia. Não posso. Se o bairro inteiro comenta, como eu não teria visto, Rose? Estranho. Eu estou me sentindo ameaçado.

ROSE: É só o senhor deixar as coisas do jeito que estão. Eu lhe garanto que não vai ter problema.

RENATO: Eu preciso pensar. Por enquanto, vamos então combinar assim: toda vez que você fizer as compras no supermercado, você guarda a nota e traz para mim, ok? Mas eu preciso poder confiar em você, Rose. Confiar de que, qualquer problema, você assume a responsabilidade.

ROSE: Assumo.

RENATO: Eu não conheço a família para quem você trabalha. Eu não sei que tipo de relação você tem com eles.

ROSE: Eles confiam em mim, pode ficar sossegado. E é tanto dinheiro naquela casa, que o senhor pode ter certeza; um jantar de restaurante deles pagava era o ano inteiro de merenda pras crianças.

11. SAL NA LÁGRIMA

MARIA JULIANA: Em uma frigideira, aqueça o azeite, em seguida jogue o alho e...

ANTÔNIO PEDRO: Deixa que eu pego pra você a frigideira.

MARIA JULIANA: Mãe não está na hora da nebulização dessa criança?

ANTÔNIO PEDRO: Era mágoa mesmo, o que ela ficou sentindo com o Antônio Pedro. Não queria mais olhar na cara dele.

MARIA JULIANA: Não tô encontrando a frigideira. Será que dona Celina andou pegando pra bater na varanda?

ANTÔNIO PEDRO: Maria Juliana era claramente mais desenvolta. Claramente já tinha vencido aquela fase troncha da pré-adolescência onde se fica patético, onde parece que um braço cresce mais rápido que o outro e a gente sai batendo pelos móveis da casa porque não consegue calcular o nosso tamanho.

MARIA JULIANA: Não sei não, mamãe, tudo me parece um pouco sem sal. Aqui.

ANTÔNIO PEDRO: Não tinha por que ela ter ficado tão magoada, se não aconteceu nada de ruim, se a minha mãe falou que tanto fazia para ela se a Rose tinha filha, se não tinha, o que ela queria era saber...

ROSE: Por que é que o menino tinha aparecido todo cagado. Acho que errei na receita.

MARIA JULIANA: É esse sal gourmet que não salga direito.

ANTÔNIO PEDRO: E se ela tivesse olhado com um pouco mais de atenção, teria visto que eu, no canto, encolhido na cozinha, salgava de lágrimas a minha camisa bem passada.

MARIA JULIANA: Prefiro o bife malpassado, mamãe. Quem gosta de carne bem passada é dedo-duro.

ROSE: Que é que você tá falando, Maria Juliana?

MARIA JULIANA: Eu gosto quando o sangue escorre da carne.

ANTÔNIO PEDRO: Teria percebido que eu atravessava aquela fase pré-adolescente, onde o tempo parece que fica cozinhando a gente, e parece que a gente nunca fica pronto. A gente — menino: nunca fica no ponto.

ROSE: Maria Juliana vê se ficou alguma coisa queimando no forno?

ANTÔNIO PEDRO: Deixa que eu olho para você.

MARIA JULIANA: Mas ela virava a cara.

ROSE: Antônio tá ficando com a carne forte, tá crescendo. Daqui a pouco já é um homão. Daqui a pouco vai poder ajudar a Juliana pra trazer as compras do mercado.

ANTÔNIO PEDRO: Quando, Rose, hoje? Hoje?

ROSE: Sábado que vem. É muito peso.

MARIA JULIANA: Eu venho bem. Não preciso de ajuda não, mãe.

ANTÔNIO PEDRO: Eu era uma panela de pressão prestes a apitar o desespero que é, isso de ser rejeitado.

ROSE: O sábado que vem era mesmo muito peso. Porque além da merenda pra semana, ia ser uma festa especial dentro das festas especiais. Ia jantar lá um pessoal de Brasília. Um pessoal do Congresso. Era interesse do marido da dona Celina propor uma lei que ia favorecer os negócios dele. Dona Celina arrumou uma amiga na aula de tênis que conhecia o deputado. O deputado aceitou comparecer na festa.

12. NÚMEROS...

RENATO: Eu venho juntando as notas, tudo direitinho, numa pastinha. Já vai fazer um mês. Um mês e a Rose tinha mesmo razão: até agora nada de fiscal da prefeitura. Eu voltei a ligar para lá, solicitando a visita. Por alguma falha operacional, constava que o fiscal já tinha comparecido.

ROSE: A falha operacional é que esse fiscal está jurado de morte se ele pisa pros lados da escola.

RENATO: Eu entendo a Rose? Claro que eu entendo.

Mas eu já não consigo mais dormir por conta dessa história. Deito na cama e escuto vozes...

Eu somo toda semana o valor das notas do supermercado e tenho agora a certeza absoluta de que todos esses itens não são para a casa da dona Celina. Não são, é impossível. Eu vejo a merenda sendo servida, eu sei, eu comparo tudo, item por item. Então eu não durmo, não durmo porque penso nessa família honesta que trabalha para ganhar seu dinheiro e que está, de certa forma, sendo roubada. É estranho. Não conheço dona Celina. Mas imagino uma mulher tão honesta e inteligente. Deito na cama e escuto a voz dela:

DONA CELINA: Rose... Rose é tão boa para a nossa família...

E me dói pensar que essa mulher está sendo roubada em sua própria casa. É um roubo para o bem? Sim, é um roubo para o bem. Mas não deixa de ser um roubo. E como é que vamos mudar a situação deste país, se a gente não começar a rever nossos próprios atos? Falamos de corrupção dos políticos. Mas e a fila que a gente fura no supermercado?

ROSE: Eu não furo fila no supermercado.

RENATO: Falamos de corrupção dos políticos, mas e a faixa de acostamento que a gente pega para se adiantar no trânsito?

ROSE: Eu não tenho carro.

RENATO: Falamos de corrupção dos políticos,

ROSE: Mas e os pequenos cargos públicos que a gente entra por indicação de um familiar?

RENATO: Isso não é justo. Eu fico pensando também nas escolas vizinhas, que não têm esse mesmo privilégio. Essas questões ficam girando na minha cabeça. Há um mês que eu não consigo deitar na cama e dormir. Dormir, entende?

Um dia, no meio de todas as notas, eu vi um pedaço de papel com vários números, nomes e informações. Entre os escritos, tinha lá:

Dona Celina: 987426922.

13. ACORDOS E SOBREMESAS

ANTÔNIO PEDRO: Parecia até que a casa ia pegar fogo naquele sábado: no fogão, as bocas todas funcionando a mil; na sala, também na sala, as bocas não paravam de se mover, soltando labaredas nas palavras.

—   *Primeiro a gente encaminha a questão da aprovação, depois a gente serve a sobremesa.*

—   *Vai ser um grande acordo. Com o deputado, com tudo.*

MARIA JULIANA: E uma cabeça que volta e meia entra na cozinha, só a cabeça, sem o resto do corpo.

ROSE: Uma cabeça com a pele toda coberta de creme, os olhos flutuando no meio do rosto e

	a toalha verde-turquesa enrolando o cabelo recém-lavado.
DONA CELINA:	Rose, qual é o cardápio da sobremesa? Rose, eu preciso que você entenda, a minha vida depende do sabor dessa sobremesa. A gente precisa agradar o deputado.
ROSE:	Como é que é o nome dele?
DONA CELINA:	O que que importa isso agora, Rose?
ROSE:	É só pra eu saber, dona Celina. O nome diz muito sobre a personalidade gustativa do sujeito.
	Dona Celina riu; mais uma daquelas superstições bestas que esse povo tem? Mas vai que tem um fundo de verdade?
DONA CELINA:	Carlos.
ROSE:	Carlos de quê?
DONA CELINA:	Carlinhos da Costa Junior.
ROSE:	Carlinhos da Costa Junior. Está certo. O prato principal vai ser medalhão.
DONA CELINA:	Escuta, a gente vai sondar ele logo depois da sobremesa. A cabeça já vai estar cheia de vinho e o doce vai deixar ele sem ação. Não vai, Rose? Eu preciso que você me prometa.
ROSE:	Vai sim senhora. A senhora fica sossegada.
	E saiu o cabeção coberto de creme.
	Cobertura de creme? Ou de chocolate? Chocolate cai melhor.
ANTÔNIO PEDRO:	Antônio Pedro saindo e entrando da cozinha como barata tonta.

MARIA JULIANA: Maria Juliana já era tida como anjo pela casa, tão boazinha... e, afinal, duas mãos novas cozinhando sem que se tivesse que pagar a mais por isso.

ANTÔNIO PEDRO: Mãe e filha, o rosto suando óleo para fritar comida.

14. TELEFONEMA

DONA CELINA: Alô.

RENATO: Alô, é da parte da senhora Celina?

DONA CELINA: Isso, ela mesma. Quem é?

RENATO: Dona Celina, aqui quem fala é Renato Andrade.

DONA CELINA: Desculpa, é propaganda de banco? Se for coisa de oferecer cartão eu não quero não, muito obrigada.

ANTÔNIO PEDRO: O celular apoiado entre ombro e orelha, a outra mão encaixa o brinco de pressão enquanto ela se olha no espelho. Sem me notar atrás dela ou, pelo menos, ela finge não me notar.

RENATO: Não é do banco, senhora Celina, é...

DONA CELINA: Pode adiantar o assunto? Estou com muita pressa. Estou muito ocupada.

RENATO: É da parte do Renato Andrade. Eu conheço a Rose, que trabalha na sua casa aos sábados. Aliás, capaz até dela estar por aí. Eu preciso

	falar um assunto um pouco delicado com a senhora. Totalmente sigiloso.
ANTÔNIO PEDRO:	O brinco de pressão cai no chão. Ela não junta.
DONA CELINA:	Rose? O que tem a Rose?
RENATO:	E então assim, num passe de mágica, num simples telefonema, eu me livro de toda a culpa que eu vinha carregando em silêncio.
DONA CELINA:	Eu não posso acreditar numa coisa dessas. Eu simplesmente não posso acreditar.
ANTÔNIO PEDRO:	Mãos tremem. Um gole no uísque.
RENATO:	Pedi o e-mail dela para enviar a foto de todas as notas do supermercado, de maneira que pudesse comprovar o caso.
DONA CELINA:	Eu sempre confiei na Rose, como se fosse alguém da minha família. O meu filho, eu sempre confiei de deixar ele com ela. A Rose nunca errou um horário da nebulização.
RENATO:	Procure se acalmar, senhora.
DONA CELINA:	De que jeito? De que jeito? Ela dizia que o supermercado estava cada vez mais caro, eu acreditava. Como é que eu ia duvidar. Mas bem que minha mãe sempre disse: "Celina, minha filha, você confia demais nas pessoas."
ANTÔNIO PEDRO:	Minha avó sempre foi fria. Hoje ela não existe mais e continua fria, como sempre foi.
RENATO:	A Rose nunca agiu de má-fé. Ela apenas queria solucionar um problema da nossa escola.

DONA CELINA: Olha, diretor, eu lhe agradeço muito pelo contato. Confesso que estou um pouco perdida, eu vou ver o que eu faço. São tantos anos de relação.

ANTÔNIO PEDRO: Ela finge para si que confere as horas num relógio parado.

DONA CELINA: Mas eu acho que preciso desligar. Hoje é um dia muito importante para mim e para minha família.

RENATO: Pense com cautela. Nada que uma boa conversa não resolva. O importante é que a senhora pare de ter seu dinheiro direcionado para fins de utilidade pública.

ANTÔNIO PEDRO: Mãe, você vai mandar a Rose embora?

DONA CELINA: O importante é que eu não seja mais roubada dentro da minha própria casa. Só não despeço ela agora porque a gente tem uma festa importantíssima hoje, e eu não posso ficar na mão. Minha vida depende dela nesse momento. Mas infelizmente eu não creio que daqui para frente seja possível continuar. Quando a confiança é rompida...

RENATO: Eu compreendo, senhora Celina. Para mim é uma situação muito complicada essa que está acontecendo e...

DONA CELINA: Olha, agradeço mesmo seu telefonema. Mas agora eu realmente preciso desligar.

ANTÔNIO PEDRO: O que foi que a Rose fez de errado?

RENATO: Um último pedido, posso?

DONA CELINA: Pois sim?

RENATO: Sigilo absoluto sobre essa minha ligação, senhora Celina. É minha vida que está em jogo. A senhora quer despedir a Rose, a senhora despede. A senhora quer dar uma segunda chance, a senhora dá. Mas eu lhe peço. Não, eu lhe imploro. Nunca conte para ela que a senhora ficou sabendo de tudo através de mim. É minha vida que está em jogo.

DONA CELINA: Fique tranquilo.

RENATO: Eu não sei se a senhora conhece o pai do Douglas, da 602. Às vezes é ele quem vai buscar a Rose aí.

DONA CELINA: Pai do Douglas, da 602? Escuta, isso é uma espécie de trote?

RENATO: Não, não, absolutamente.

DONA CELINA: Em anexo aos e-mails que o senhor vai me enviar com as notas do mercado, é... Como é mesmo seu nome?

RENATO: Renato. Renato Andrade.

DONA CELINA: Renato Andrade. Por favor, você me anexa também seus documentos de identificação, sua carteira de trabalho etc., sim?

ANTÔNIO PEDRO: Renato Andrade.

RENATO: Perfeitamente.

ANTÔNIO PEDRO: Renato Andrade é só uma voz.

DONA CELINA: Agradeço.

ANTÔNIO PEDRO: Do outro lado.

DONA CELINA: Passar bem.

ANTÔNIO PEDRO: Da linha.

15. VOZES CORTANTES VOAM PELA COZINHA

DONA CELINA: Antônio Pedro, me traz uma dose de uísque, só uma pedra de gelo. Celina, sem verter lágrima: a maquiagem tá pronta. Rímel escorrido não convence deputado. Você confia demais nas pessoas. Bem que mamãe dizia.

ANTÔNIO PEDRO: Maria Juliana, me ajuda, eu preciso de um copo de uísque. É urgente.

MARIA JULIANA: Você não tem idade pra beber Antônio Pedro. E você não manda em mim.

ANTÔNIO PEDRO: Minha mãe mandou você ajudar a Rose. Minha mãe mandou eu vir aqui conferir se você está ajudando. Minha mãe está muito nervosa hoje. Ela recebeu um telefonema.

MARIA JULIANA: Sua mãe não manda em mim.

ANTÔNIO PEDRO: Se minha mãe quiser, ela pode te mandar embora.

MARIA JULIANA: E se Maria Juliana quiser, ela para agora de cortar cebola e usa a faca que está na mão dela pra cortar gente.

ANTÔNIO PEDRO: Antônio Pedro grita pra sua MÃÃÃÃE!

MARIA JULIANA: É na faca, só na faca que você aprende?

ROSE: Minha filha baixa esse troço pelo amor de Santo Antônio!

MARIA JULIANA: Acho que Toninho ainda está cru, mamãe. Pra virar gente ainda falta bastante.

A faca: a faca de tantas cebolas cortadas, choradas.

A faca.

Antônio Pedro, seu frouxo.

ROSE: Criadagem se juntando pra lidar com a mal criadagem. Juliana devolve minha faca de almoço.

MARIA JULIANA: Sua faca de cortar moço? Seu filho da puta. Mentiroso e cagão. Eu te dou um beijo numa roda-gigante e em troca você me dedura pra essa tua mãe idiota. Precisava?

ANTÔNIO PEDRO: Que você não chamasse de idiota a minha mãe era só o que eu te pedia — era só o que eu te pedia.

MARIA JULIANA: Seu filho da puta.

ANTÔNIO PEDRO: Rose, o que que ela tem?

MARIA JULIANA: Nasci já tava assim: esses três metros quadrados dentro de uma casa com mais de quatrocentos metros quadrados, o que que é isso, meu Deus, o que que é isso?

ANTÔNIO PEDRO: Eu também, Maria, nasci já estava assim. Não nasci querendo ser rico. Não nasci querendo ter asma.

MARIA JULIANA: Então que fizesse o favor de ser meu parceiro. Quando minha mãe te descobriu fazendo coisa errada, abrindo porta que não devia, segurei firme. Por quê? Não tinha interesse nenhum. Porque aprendi — só porque aprendi Antônio Pedro — a não dedurar ninguém. Só isso. É pedir muito?

ANTÔNIO PEDRO: Eu aprendi tudo: história, geografia, matemática. Mas eu nunca aprendi que dedurar fosse feio.

MARIA JULIANA: Isso se aprende na vida, não na escola.

ANTÔNIO PEDRO: Eu nunca aprendi.

MARIA JULIANA: É na vida. Nem escola eu tenho direito.

ANTÔNIO PEDRO: E eu. Nem vida eu tenho também. Direito.

MARIA JULIANA: Porque cresceu sem nunca bater a cabeça numa quina. Casa toda protegida, ponta de móvel, tudo com proteção.

ANTÔNIO PEDRO: A minha mãe é uma quina. A minha mãe é uma quina. A minha mãe não tem as dobras que a sua mãe tem.

ROSE: Toninho tá me chamando de gorda?

ANTÔNIO PEDRO: Rose, eu te amo Rose. Cai no chão em prantos.

ROSE: Maria, o Antônio tá em crise. Acode, acode. Fresta da porta se abre.

DONA CELINA: Que gritaria é essa aqui?

ROSE: Baixa essa faca pelo amor de Deus.

MARIA JULIANA: Toninho tá em crise, sim. E eu? E as minhas crises, dona Rose, e as minhas crises? Eu mato vocês. Eu mato vocês. Seus bando de sem alma.

ROSE: Dona Celina pisa na cozinha; território estranho. Dona Celina vê seu filho, Antônio Pedro, caído em lágrimas.

DONA CELINA: Os convidados estão chegando! Vocês querem acabar com a minha reputação?

MARIA JULIANA: Que reputação?

ROSE: Cala a boca, Maria.

DONA CELINA: Vocês precisam parar com isso agora. Ah, meu jogo de facas importado.

ROSE: Dona Celina, a senhora desculpa, Maria Juliana vai um pouco nervosa.

MARIA JULIANA: Vamos fazer um jogo de facas! Vamos fazer um jogo de facas importado!

DONA CELINA: Celina, respira, Celina.

ROSE: Maria Juliana, seu olho tá ardendo igual no dia da briga.

MARIA JULIANA: Arde, Maria Juliana, arde igual pimenta.

DONA CELINA: Calem a boca, vocês. Calem a boca. É minha vida que está em jogo. Eu levei quase um ano pra conseguir este jantar. Ele precisa conseguir os cinco por cento de participação no supermercado, vocês estão me ouvindo?

ANTÔNIO PEDRO: Calma, mãe.

DONA CELINA: Calma? Calma é o caralho. Cinco por cento, qual é o problema? E vocês todos calem a boca. Quem fala agora sou eu. Ele vai conseguir os cinco por cento, não é justo eles quererem impedir! Só porque ele tem outros cinco por cento como acionista nos enlatados? É absurdo isso. A gente não vive numa democracia, afinal?

ROSE: Dona Celina?

DONA CELINA: Ninguém vai impedir o meu marido de fornecer *nuggets* para ele mesmo. Ninguém. Os pintinhos, meu Deus, os pintinhos, indo pro triturador tão jovens! Os pintos não têm culpa de nada. Viram *nuggets*. Os pintinhos são trabalhadores como eu, como você, ciscam, ciscam, existem e depois não existem. Otávio disse que eu não aguentaria olhar, o triturador, mas parece que é tudo muito rápido, e então eles talvez nem sintam. A margem de lucros aumenta, somando dá dez por cento, mas qual o problema? Uma coisa é supermercado, outra é acionista de... embutido. Está embutido, quer dizer, está implícito. Ele também tem gastos, não é só lucro não. Tem gasto com mão de obra, tem o décimo terceiro dos pintos. Depois eles morrem, e é como uma demissão por justa causa; eles são carinhosamente embalados, postos nas caixas ilustradas e depois são levados pros supermercados e comprados e comidos e depois, assim como galinhas, são...

MENSTRUADOS.

Menstruados, Maria Juliana.

MARIA JULIANA: Ela abaixa a faca, fraca.

O molho de tomate fervendo.

A carne malpassada, escorre...

Primeira menstruação de Maria Juliana.

DONA CELINA: Rose, instrua a menina. Eu sempre quis ter uma. Mas veio homem, fazer o quê?

ROSE: Chorou dona Celina pela primeira vez em anos.

DONA CELINA: Rímel escorrido não convence deputado. Diz pra ela, Rose, daqui pra frente tem que se

	cuidar: pernas fechadas, roupa branca nesses dias não convém. Comprar absorvente na farmácia. Ela sabe usar?
MARIA JULIANA:	No cu. No cu de vocês, bando de filho da puta.
ROSE:	Maria Juliana, minha filha.
MARIA JULIANA:	Quando a gente se machuca também sangra.
DONA CELINA:	Antônio, vamos lá pra sala, Antônio? Respira, meu filho, se acalma.
MARIA JULIANA:	Sangrou de nascer; de nascer já sangra. Mãe e filho. Dona Celina é vaca de cativeiro que pariu sem sangrar? É hormônio fabricado, é um *nugget*? Como é que gerou essa bosta desse menino? Não foi trepando? Me diz? Não foi trepando?
DONA CELINA:	Rose, o que que ela está dizendo?
ROSE:	Dona Celina a senhora me desculpa pelo amor de Deus. A senhora me perdoa. Nunca vi essa menina assim. Vai dar quarenta de febre. São os hormônios. Vou recolher a menina pra cama. A senhora desculpa.
DONA CELINA:	Filho, vamos lá pra sala?
ANTÔNIO PEDRO:	Eu quero ficar aqui com a Rose...
DONA CELINA:	Fica onde você quiser, só parem de gritar. Eu vou receber os pintos lá na sala.
ROSE:	Maria Juliana, por Deus minha filha, o que é que te deu?
MARIA JULIANA:	A senhora nunca me deu valor. Quem é que carrega as compras do mercado até aqui,

ROSE: daqui até em casa, de casa até a escola? É Toninho, por acaso?

ROSE: Silêncio de Rose.

MARIA JULIANA: Não é. Mas Toninho... Ah, Toninho é como um filho. Se Maria Juliana tem dor de barriga, se Maria Juliana tem dor de cabeça, é frescura de Maria Juliana. E filha minha não pode ter frescura. Ah, mas experimenta perder a hora da nebulização de Toninho? Experimenta Toninho numa tosse um pouco mais aguda? Já dispara o coração de Rose. Já dispara.

ROSE: Eu tenho obrigações com meu emprego.

MARIA JULIANA: Só pode ser, pra você me deixar ano e mais ano presa nesse quartinho sem ar o dia todo, todo fim de semana. O ar falta é pra mim, não pra Antônio Pedro.

ROSE: Tem coisa que você não entende.

MARIA JULIANA: O que eu não entendo?

ROSE: Meu outro patrão, ex-marido de dona Celina. Bastava ela sair. Achava que era meu dono. E você Maria, você virando moça, chama até atenção. Eu tenho medo, minha filha. Medo. Esse homem que ela arrumou agora olha até estranho pra tudo.

MARIA JULIANA: Maria Juliana chora.

                            Maria Juliana sangra um sem fim.

                            Abriu a tampa da panela que vinha fechada.

                            Desde quando ela nasceu.

16. ROSE: AR DE ANTÔNIO PEDRO

ANTÔNIO PEDRO: Rose (eu puxava o ar), eu não quero me separar de você. Eu não quero.

ROSE: Calma Toninho. A gente não vai se separar. Maria Juliana não fez por mal. Dona Celina há de entender.

ANTÔNIO PEDRO: Rose (o ar faltava como nunca) não é isso não. Minha mãe vai te mandar embora por causa de uma ligação que ela recebeu.

ROSE: Ligação? Que ligação, Antônio Pedro? Do que é que você tá falando?

ANTÔNIO PEDRO: Renato Andrade, o nome dele.

ROSE: O quê? Que foi que você disse, Toninho?

ANTÔNIO PEDRO: Renato Andrade telefonou. Eu ouvi a minha mãe dizendo que ia só esperar passar a festa e que depois... depois ela ia te mandar embora.

ROSE: As vozes. As vozes queriam voltar. Tudo se repetindo de novo? Se você repete depois falta pro colega. Consigo ver as mãos corretas do diretor Renato pegando o telefone — mãos não me enganam. Foi o salmão. O salmão que ficou entalado na garganta daquele homem. De repente braços quentes envolvem o pescoço de Rose.

ANTÔNIO PEDRO: Rose. Eu não quero me separar de você. Qual vai ser a graça da minha vida?

ROSE: Não chora, Toninho.

ANTÔNIO PEDRO: Maria Juliana tentou me matar. Ela ia me matar.

ROSE: Não ia não, Toninho. O sangue esquentou, foi só isso. Às vezes o sangue esquenta. Escuta, Toninho, você é pra mim como um filho.

DONA CELINA: Antônio Pedro, vem cumprimentar os convidados.

ANTÔNIO PEDRO: Eu não quero.

DONA CELINA: Aqui nesta casa não tem querer. Tem cinco por cento da participação no supermercado. Tem um deputado federal perguntando se eu tenho filhos. Vamos lá pra sala com a mamãe.

ROSE: Envenenada. Rose imagina uma macarronada envenenada. Diretor Renato fervendo numa panela gigante, ou espetado, à mostra, como frango de padaria. Do lado dele, Carlinhos da Costa Junior, os dois, os dois sendo tratados como carne. Moída, moída... Não era difícil pro pai do Douglas deixar o corpo dos outros exposto, girando, ardendo para quem quisesse ver.

17. CONDIÇÕES

ANTÔNIO PEDRO: Nunca vi minha mãe tão nervosa. "Este é meu filho, Antônio Pedro." E fazia um sinal para que eu cumprimentasse, um por um, os convidados.

Maria Juliana não estava falando comigo. Então eu estranhei muito quando vi o rosto dela por entre as frestas da porta da cozinha olhando para mim. E os lábios se movendo.

MARIA JULIANA: Vem aqui. Vem aqui.

ANTÔNIO PEDRO: Eu não conseguia ler. Perdi umas duas ou três apresentações a pessoas importantes tentando decifrar.

MARIA JULIANA: VEM ATÉ AQUI AGORA.

ANTÔNIO PEDRO: Você me chamou, Maria Juliana? O que você quer comigo?

MARIA JULIANA: Antônio. Sabe qual deles é o deputado?

ANTÔNIO PEDRO: Você ia me matar. O que você quer comigo?

MARIA JULIANA: Contigo, nada. Minha mãe que mandou eu te chamar, ela não pode falar agora. Ela mandou perguntar se você sabe qual deles é o deputado.

ANTÔNIO PEDRO: Sei sim. Por quê?

MARIA JULIANA: Você não quer oferecer uma bebida pra ele?

ANTÔNIO PEDRO: Por quê, se tem garçom?

MARIA JULIANA: Porque é uma bebida especial.

ANTÔNIO PEDRO: Como assim, especial?

MARIA JULIANA: Não sei se posso te contar. Você é dedo-duro.

ANTÔNIO PEDRO: Maria Juliana me desculpa por favor me desculpa eu nunca mais vou fazer isso que eu fiz.

MARIA JULIANA: Estou pensando. Eu te desculpo. Mas tem uma condição.

ANTÔNIO PEDRO: Qualquer uma.

MARIA JULIANA: Eu preciso que você ofereça essa bebida pro deputado.

ANTÔNIO PEDRO: Ele vai morrer?

MARIA JULIANA: Todos nós vamos um dia.

ANTÔNIO PEDRO: Mamãe disse que a vida dela depende desta noite. Ela precisa agradar o deputado.

MARIA JULIANA: É você quem sabe.

ANTÔNIO PEDRO: É veneno?

MARIA JULIANA: Eu não posso dizer.

ANTÔNIO PEDRO: Se eu fizer isso você me perdoa?

MARIA JULIANA: Perdoo. Perdoo, Antônio Pedro.

ANTÔNIO PEDRO: Eu não quero fazer mal para minha mãe.

MARIA JULIANA: É você quem sabe.

ANTÔNIO PEDRO: Não sei. Não consigo decidir.

MARIA JULIANA: Escuta. Quando a minha mãe terminar de preparar tudo, a gente vai dar uma festa no quarto dela. A gente separou salgadinho e ela disse que deixou eu ficar piscando a luz no interruptor igual boate. Se você levar a bebida pra ele... Eu te desculpo e te convido pra nossa festa.

ANTÔNIO PEDRO: Uma festa no quarto da Rose? Vai caber?

MARIA JULIANA: A gente vai abrir o segundo andar.

ANTÔNIO PEDRO: Segundo andar?

MARIA JULIANA: O beliche.

ANTÔNIO PEDRO: Eu aceito.

18. COSTA QUENTE

DONA CELINA: Os empresários sofrem com a política deste país, você não acha, Carlinhos?

CARLINHOS JUNIOR: Olha, Celina, eu batalho muito para mudar essa realidade. O grande empresário é um trabalhador como outro qualquer: honesto, dedicado. São eles que lutam para salvar este país da crise.

ROSE: E então?

ANTÔNIO PEDRO: Ele bebeu.

ROSE: Bebeu?

ANTÔNIO PEDRO: Bebeu tudo.

ROSE: Antônio, faz favor e tem que ser agora. Vai até o lavabo, tira todo papel higiênico que tem lá e traz pra mim. Vai!

DONA CELINA: Sem dúvida, Carlinhos, sem dúvida. Essa reforma é fundamental. Fun-da-men-tal. Sei de todo o seu envolvimento. Admiro muito o seu trabalho.

CARLINHOS JUNIOR: É o que eu digo, Celina, mais do que uma reforma trabalhista, a gente precisa de uma reforma nas relações de trabalho, para acabar com esse conceito de que patrão e empregado são inimigos.

DONA CELINA: Concordo, meu querido. Existe sempre uma postura muito defensiva por parte da...

CARLINHOS JUNIOR: Toalete, por favor?

DONA CELINA: Esquerda.

ANTÔNIO PEDRO: A janelinha do quarto da Rose dava bem para o lavabo. Tinha uma veneziana que a gente abria e entrava com a cabeça para dentro do banheiro, se subisse no beliche.

MARIA JULIANA: Eu não queria que eles subissem porque tinha uma mancha imensa de sangue no colchão de cima. Minha primeira menstruação. O formato no lençol parecia com o mapa do Brasil.

ROSE: Larga de ser fresca, Maria Juliana. Aprende logo: todo mês vem.

MARIA JULIANA: Carlinhos da Costa Junior entrou suando no lavabo.

ROSE: Esperei que ele desse pela falta e entrei com a cabeça:

Acabou o papel, não é?

MARIA JULIANA: Nunca vou esquecer daquele olhar. Aquele olhar pra cima, o suor descendo, o rosto meio verde.

ROSE: Eu levo aí pro senhor. É só um momento, sim? Vou dar três toquinhos na porta quando chegar aí, pro senhor saber que sou eu.

MARIA JULIANA: Que sim com a cabeça ele fez.

ROSE: Três toquinhos. A maçaneta gira. Enfio a perna pra garantir de entrar o resto do corpo.

Tranco a porta.

Não vai me convidar pra sentar?

MARIA JULIANA: Olhem só quem está aqui...

ROSE: Os meninos tão filmando do celular, tá? Só pro senhor saber que não vale a pena o senhor tentar me agredir.

MARIA JULIANA: Deputado federal envolvido na máfia da merenda.

ANTÔNIO PEDRO: Rose pega com toda calma o banquinho das revistas, puxa, se senta. O rolo de papel higiênico nas mãos.

ROSE: Prazer, Rose. O seu nome eu conheço: Carlinhos da Costa Junior. Vulgo Costa Quente.

CARLINHOS JUNIOR: Oi?

ROSE: Feijão aguado é que me parte o coração. É uma coisa triste demais. Eu não sei se o senhor já teve a oportunidade de cozinhar feijão. Eu não sei se o senhor já teve de fazer render uma xícara de feijão pra um sem fim de aluno faminto que não tem o que comer em casa. Se alguma vez o senhor já lidou com essa voz:

Tia Rose, pode repetir?

Se alguma vez já lidou com essa voz todos os dias durante vinte anos. Já?

CARLINHOS JUNIOR: Artigo quinto, inciso décimo, protege o direito à privacidade: são invioláveis a intimidade, a vida privada, a honra e a imagem das pessoas, assegurado o direito a indenização pelo...

ROSE: Como eu dizia, Costa Quente, o grande lance do feijão é saber preparar o caldo, o caldo bom. E caldo bom a gente precisa de grão pra amassar, quando o grão estiver já assim bem molinho... Aliás, aceita papel?

MARIA JULIANA: Aceita. Aceita que é melhor.

ROSE: Mas falta, entende? Falta comida lá na escola. Como eu te disse, feijão aguado me parte o coração. Leite em pó fora do prazo também. O pó que o senhor vende por aí, eu aposto que não é vencido. O senhor não faria uma coisa dessas.

CARLINHOS JUNIOR: Que pó?

ROSE: Amigo, não precisa fingir. Se a gente entrar aqui num acordo, eu apago esse vídeo depois na sua frente. Conheço todo teu esquema. O pai do Douglas, da 602.

CARLINHOS JUNIOR: Pai do Douglas?

ROSE: Teu motorista principal. Vulgo *Ligeirinho*. Ele já conhece tudo tão bem, não é? Já tem a carteira de identidade, tudo ajeitado. Quem liga pro pó-delivery confia. O senhor via alguma vantagem de se indispor com ele?

CARLINHOS JUNIOR: É dinheiro que você quer?

ROSE: O Ligeirinho não tem nenhum interesse em deixar de trabalhar pro senhor. Mas ele me deve a vida, entende? Eu já salvei a vida do filho dele: o Douglas, da 602. O Ligeirinho tem bastante voz lá pros lados onde ele mora. O que ele falou tá falado.

CARLINHOS JUNIOR: Eu sei.

ROSE: O acordo que eu vou te oferecer sai mais barato, com certeza, do que o senhor ter que se sujar com meu sangue ou então de ter que se indispor com Ligeirinho. Não era nem vantagem.

CARLINHOS JUNIOR: Quanto?

ROSE: Eu vou passar pro senhor o que eu tenho de gasto por semana de supermercado pra comprar a merenda pras crianças. A merenda que o senhor desvia. Costa Quente, não há de ser uma quantia muito alta pra um homem como o senhor, há?

CARLINHOS JUNIOR: Podemos negociar.

ROSE: O senhor pode me passar o dinheiro por semana, manda pelo Ligeirinho.

CARLINHOS JUNIOR: Ok.

ROSE: Aliás, o senhor manda umas três vezes o valor de um, que é pra abastecer as escolas vizinhas.

CARLINHOS JUNIOR: Ok.

ROSE: E disponibiliza ele mais o veículo todo domingo pra ir comigo no mercado. Se puder mandar mais um braço pra ajudar eu lhe agradeço.

CARLINHOS JUNIOR: Vou ver o que eu posso fazer.

ROSE: É isso. Somente consertar a merda que o senhor mesmo fez.

MARIA JULIANA: Tá fazendo.

ROSE: Ninguém denuncia teu esquema, você também não denuncia o meu. E outra coisa. Tem um babaca de um diretor novo lá na escola, Renato Andrade. Tá querendo acabar com a fartura da comida. O senhor dá um jeito de algum assessor teu falar com ele?

CARLINHOS JUNIOR: Fala pro Ligeirinho pedir pro assessor telefonar. Ele sabe quem é.

ROSE: O senhor mantendo tua palavra, vai tá livre de qualquer aborrecimento.

CARLINHOS JUNIOR: Entendido. Posso te fazer uma pergunta?

ROSE: Pode.

CARLINHOS JUNIOR: Eu me limpei direito?

ROSE: Tá tranquilo.

CARLINHOS JUNIOR: Com licença.

ROSE: Toda.

MARIA JULIANA: Já pode desligar, mãe?

ROSE: Sim. Corta.

19. QUARTO DA ROSE EM FESTA

MARIA JULIANA: A mamãe voltou pro quarto tremendo, já com cerveja na mão. Entornou uma direto, sem nem respirar.

ANTÔNIO PEDRO: Era a primeira vez que estávamos nós três — eu, Rose e Maria Juliana — no quarto apertado, quente.

MARIA JULIANA: A luz que Maria Juliana podia piscar à vontade.

ROSE: Pisca até queimar a lâmpada!

ANTÔNIO PEDRO: O deputado estava passando muito mal.

ROSE: Laxante, pro sujeito sentar e ouvir. Só assim, humilhadas, é que certas pessoas conseguem ouvir.

ANTÔNIO PEDRO: Maria Juliana finalmente voltou a olhar para mim. E era como se de novo a gente estivesse naquele dia, naquele primeiro dia, em que eu desobedeci à Rose e abri a porta do quarto dela.

ROSE: Os peidos do deputado pareciam os fogos de artifício da nossa festa.

MARIA JULIANA: E a gente até começou a se desejar feliz ano-novo.

Quer dançar comigo?

ROSE: Peraí que vou aumentar aqui, minha gente.

Ó o ritmo Antônio Pedro, segue a Maria Juliana. Peraí que eu vou botar uma aqui em homenagem a vocês:

[*música*] *Te amo, mas vivo a fugir desse amor...*

A música de Antônio e Juliana!

MARIA JULIANA: Ai mãe cala a boca.

ROSE: Ó a malcriação Maria Juliana.

ANTÔNIO PEDRO: Rose, eu não quero que você vá. Você não pode ir.

MARIA JULIANA: Ir pra onde? Como assim?

ROSE: Calma, minha gente, calma. Vamos vendo. Amanhã a gente pensa. Hoje a gente dança. Hoje a gente dança, Toninho.

MARIA JULIANA: Fazendo acordo com essa gente, minha mãe? Desculpe, mas a senhora tem certeza? Tem certeza que isso é certo?

ROSE: Certeza só da morte, Maria Juliana. Mas um dia você entende as razões da sua mãe.

Um dia você entende. Esse pessoal dono de tudo que é grande faz acordo entre eles o tempo inteiro. E a gente, besta, fica com esse negócio de honestidade.

MARIA JULIANA: E não é pra ser honesto?

ROSE: É pra ser honesto. Mas enquanto a gente tá preocupando em obedecer a lei, eles tão pensando em mexer na lei e botar ela de um jeito pra gente se ver obrigado a desobedecer à lei.

MARIA JULIANA: Ai meu pé, Antônio.

ANTÔNIO PEDRO: Desculpa.

ROSE: Maria, se não souber fazer acordo com essa gente... essa gente te engole, minha filha. Eles engolem e nós morrendo de fome. Mas a gente vai levando, minha filha, a gente vai levando. Não pode é desistir. Amanhã a gente pensa. Hoje a gente dança...

ANTÔNIO PEDRO: E nisso ela pegou no sono, exausta, a latinha de cerveja ainda na mão quase entornando.

Fomos para o segundo andar da festa.

MARIA JULIANA: Meio dormitando, a mãe, ouvindo os peidos que volta e meia ficavam mais fortes, ainda disse em sono bêbado:

ROSE: Nada como uma caganeira pra situar um pouco a gente.

MARIA JULIANA: Hoje não é você o cagão, Antônio Pedro.

Ele riu. Ele riu, finalmente. Nunca tinha visto o Antônio Pedro dar uma risada. Os dentes dele eram bonitos, um do lado do outro, igual uma fileira de balas de cinema.

ANTÔNIO PEDRO: O ronco grave da Rose se misturava com os fogos de artifício que vinham do lavabo e as risadas estridentes da sala.

MARIA JULIANA: Tá crescido você, Antônio. Só esse cabelo arrumadinho demais que não é muito legal.

ANTÔNIO PEDRO: Ela me despenteou docemente como quem ensina a gente a desobedecer.

MARIA JULIANA: Os olhos de piscina do estrangeiro.

Segurei as bochechas quentes do menino.

ANTÔNIO PEDRO: O rosto vivo de fogo veio se aproximando.

MARIA JULIANA: A mancha de sangue no formato do Brasil: Algum amor possível sobre ela?

ROSE: Feijão aguado me parte o coração. O aguado não tem aguardo possível. Panela vazia eu não sei lidar. A vida está carne dura, dura. Mas perder alegria já nem se pode.

Posfácio

Fui procurar o significado de posfácio. Lá dizia que era um adendo. Adendo, palavra engraçada. Quase ardendo? Rose ardeu bastante quando escrita, arde ainda, paixão ardente tem essa mulher. Ardente. Penso nos dentes de todas as crianças com quem ela cruza diariamente, penso nos dentes daquilo que lhe é insuportável e penso também nos dentes que se apresentam num sorriso, num sorriso largo. Adendo, palavra engraçada.

Fui procurar o significado de posfácio. Dizia que nele, no posfácio, o autor coloca aquilo que julga conveniente mencionar.

A inconveniência que Rose propõe para a instituição é ato político. Em parte por amor a ela, em parte por mera alegria que a subversão traz, esse posfácio conterá — também — aquilo que não julgo conveniente mencionar:

Seria inconveniente dizer que eu não iria escrever este texto, esta dramaturgia final, que é parte da proposta de encerramento da terceira turma do Núcleo de Dramaturgia SESI Rio de Janeiro. O que a princípio eu faria, e já estava decidido, seria o retocar de outro texto meu — reajustes, um possível revisitar —, e eu já ia bem certa disso, mas acontece que os filhos pedem para nascer. E quando falei pro Diogo dessa minha intenção de retrabalhar uma dramaturgia já existente, ele me olhou de cima a baixo, tomou fôlego no cigarro e disse: golpista.

Gosto de pensar que foi nesse momento, bem nesse momento, que a Rose inspirou um pouco mais fundo e acordou do sono que ela dormia dentro de mim. Eu ainda não sabia, é claro. Mas pressentia; em algum lugar qualquer de camada subcutânea que eu mesma não poderia supor, dormia essa mulher: Rose. E quando pressenti existências estranhas que me eram até então dormidas, perdi completamente o sono.

A palavra em golpe que ele me deu foi efetiva. É até bonito pensar que uma dramaturgia pode se abrir com uma única palavra, uma só, dita em interlocução totalmente ausente de pretensão, na mureta da praça.

Estive pasma: ali, gestava ficções.

■

Em cartaz com um espetáculo num teatro público, me deparei com um sistema de funcionamento para além das vias legais. O sistema acontecia não para qualquer benefício pessoal, mas, do contrário, para viabilizar melhorias urgentes para aquele equipamento. Quem trabalha com teatro sabe a situação de sucateamento em que se encontra a maioria dos equipamentos da nossa cidade. E sabe também dos problemas que envolvem a burocratização de certos procedimentos.

Na produção de um espetáculo, um refletor a mais ou a menos faz muita diferença. Eu me pergunto: quantos trabalhos atravessam um mesmo espaço público na espera pela chegada de lâmpadas para refletores? Essa compra depende do tempo eterno das licitações. Ou de um custoso repasse de verbas...

Então me interessou — numa época em que o tema da corrupção está sendo tão exaustivamente mencionado — abordar uma situação fictícia que envolveria procedimentos ilegais. Procedimentos ilegais que não só não seriam para benefícios próprios, como, sobretudo, buscariam viabilizar soluções alternativas frente ao descaso e à burocracia das instâncias públicas.

Aí veio essa questão da fome, da escassez de comida no momento de formação do indivíduo. A fome, que tinha sido quase erradicada no nosso país, e que de repente volta a se colocar de maneira pungente. E o pensamento sobre a escassez: o que é escasso, e onde? De um lado, a escassez de comida na escola pública, do outro, a escassez de afeto num apartamento gigante — ali, tudo sobra, tudo abunda, mas o calor humano não se apresenta.

■

E os afetos todos...

Fiz parte da terceira turma do Núcleo de Dramaturgia SESI, com coordenação do Diogo Liberano. *ROSE* é também fruto desse ano intenso, desse pacto em turma que fizemos para pensar dramaturgia.

A gente abria a barriga das palavras juntos, com cautela, mas também ousadia, nesse nosso desejo humano — quase infantil? — de olhar o que tem dentro. Fomos fazendo cortes nas fáscias das frases, cirurgias inaugurais para desdobrar pensamentos que estavam dobrados.

Bagunçamos: as palavras, as ideias, os conceitos todos. Tudo o que estava dobrado, bem passado, empilhado, fomos amassando, torcendo, tecendo tramas íntimas.

Afinal, as palavras estão aí para serem usadas, adulteradas. E como não falar de corruptela quando o assunto é linguagem?

Mesmo com toda essa rasgação de seda para as palavras, elas agora não estão sendo suficientes para dar conta da radicalidade da experiência que foi o Núcleo de Dramaturgia em 2017.

Resta dizer que me sinto amorosamente desiludida quando penso encerrada essa terceira edição do Núcleo. E, de novo, me volto para *ROSE* e me sinto menos sozinha na minha tristeza: eles, também eles — Rose, Antônio Pedro, Maria Juliana —, atravessaram suas desilusões. E nem por isso estão aí chorando pitangas. Estão é comendo.

O que vem depois da desilusão amorosa?

É só porque se desiludem, os personagens, que podem se enxergar melhor uns aos outros, em suas falhas, em suas humanidades.

■

E a encenação!

Inventar personagem: escrever cartas inteiras sem que se saiba o endereço do destinatário. Que atores corresponderiam a essas pessoas inventadas? Que espaço? Que sons? Que tudo, meu Deus?

Na abertura de diálogo com a direção de Viniciús Arneiro, começa a segunda escrita da peça. Ainda em curso, porque escrevo este posfácio a duas semanas da estreia, nesse sentido, é, ao mesmo tempo, também um prefácio. E sei que até lá, e até depois de lá, a escrita da sala de ensaio segue sendo feita.

A direção é uma nova leva de panelas, cozinhas, ingredientes. E assim, com a mesma alegria que tem Rose, Viniciús morde o texto-comida e abre a dimensão da encenação: compõe novos banquetes, revela cruezas ainda não escritas pela escrita; qual é o ponto de cozimento de cada palavra? Quanto tempo fica uma frase na panela?

É um novo caldo de feijão que se faz.

Aderindo e atritando com a dramaturgia, abrindo espaço para que a história seja contada e, ao mesmo tempo, bagunçando a possibilidade de uma narrativa que se encerraria nela mesma. De novo volto a pensar na importância da desobediência para os procedimentos da encenação. Desobedecer àquilo que seria um caminho mais óbvio, desobedecer à descrição das ações, sempre tão imperativa no texto, para que se criem novas camadas de compreensão da dramaturgia. Desobédecer é amoroso.

E os atores... Os atores golpeiam todo o tempo a nossa percepção. Os atores são, sobretudo, corajosos, mesmo quando têm medo. Foi, e está sendo, um privilégio ver os atores trabalhando.

■

Agradecimento imenso a todas as interlocuções que contribuíram para a construção dessa dramaturgia.

Agradecimento a todos que me ensinaram a, quando preciso, desobedecer.

Cecilia Ripoll

© Editora de Livros Cobogó, 2018
© Cecilia Ripoll

Editora-chefe
Isabel Diegues

Editora
Fernanda Paraguassu

Gerente de produção
Melina Bial

Revisão final
Eduardo Carneiro

Projeto gráfico e diagramação
Mari Taboada

Capa
Guilherme Ginane

CIP-BRASIL. CATALOGAÇÃO-NA-FONTE
SINDICATO NACIONAL DOS EDITORES DE LIVROS, RJ

R459r
Ripoll, Cecilia, 1986-
　　Rose / Cecilia Ripoll. – 1. ed. – Rio de Janeiro: Cobogó, 2018.
　　96 p.; 19 cm. (Dramaturgia)

　　ISBN 978-85-55910-55-5

　　1. Teatro brasileiro (Literatura). I. Título. II. Série.

18-50203
CDD: 869.2
CDU: 82-2(81)

Meri Gleice Rodrigues de Souza- Bibliotecária CRB-7/6439

Nesta edição, foi respeitado o Acordo Ortográfico da Língua Portuguesa de 1990, que entrou em vigor no Brasil em 2009.

Todos os direitos em língua portuguesa reservados à
Editora de Livros Cobogó Ltda.
Rua Jardim Botânico, 635/406
Rio de Janeiro — RJ — 22470-050
www.cobogo.com.br

Outros títulos desta coleção:

COLEÇÃO DRAMATURGIA

ALGUÉM ACABA DE MORRER LÁ FORA, de Jô Bilac

NINGUÉM FALOU QUE SERIA FÁCIL, de Felipe Rocha

TRABALHOS DE AMORES QUASE PERDIDOS, de Pedro Brício

NEM UM DIA SE PASSA SEM NOTÍCIAS SUAS, de Daniela Pereira de Carvalho

OS ESTONIANOS, de Julia Spadaccini

PONTO DE FUGA, de Rodrigo Nogueira

POR ELISE, de Grace Passô

MARCHA PARA ZENTURO, de Grace Passô

AMORES SURDOS, de Grace Passô

CONGRESSO INTERNACIONAL DO MEDO, de Grace Passô

IN ON IT | A PRIMEIRA VISTA, de Daniel MacIvor

INCÊNDIOS, de Wajdi Mouawad

CINE MONSTRO, de Daniel MacIvor

CONSELHO DE CLASSE, de Jô Bilac

CARA DE CAVALO, de Pedro Kosovski

GARRAS CURVAS E UM CANTO SEDUTOR, de Daniele Avila Small

OS MAMUTES, de Jô Bilac

INFÂNCIA, TIROS E PLUMAS, de Jô Bilac

NEM MESMO TODO O OCEANO, adaptação de Inez Viana do romance de Alcione Araújo

NÔMADES, de Marcio Abreu e Patrick Pessoa

CARANGUEJO OVERDRIVE, de Pedro Kosovski

BR-TRANS, de Silvero Pereira

KRUM, de Hanoch Levin

MARÉ/PROJETO bRASIL, de Marcio Abreu

AS PALAVRAS E AS COISAS, de Pedro Brício

MATA TEU PAI, de Grace Passô

ĀRRĀ, de Vinicius Calderoni

JANIS, de Diogo Liberano

NÃO NEM NADA, de Vinicius Calderoni

CHORUME, de Vinicius Calderoni

GUANABARA CANIBAL, de Pedro Kosovski

TOM NA FAZENDA, de Michel Marc Bouchard

OS ARQUEÓLOGOS, de Vinicius Calderoni

ESCUTA!, de Francisco Ohana

O ENIGMA DO BOM DIA, de Olga Almeida

COLEÇÃO DRAMATURGIA ESPANHOLA

A PAZ PERPÉTUA, de Juan Mayorga
Tradução Aderbal Freire-Filho

APRÈS MOI, LE DÉLUGE (DEPOIS DE MIM, O DILÚVIO),
de Lluïsa Cunillé
Tradução Marcio Meirelles

ATRA BÍLIS, de Laila Ripoll
Tradução Hugo Rodas

CACHORRO MORTO NA LAVANDERIA: OS FORTES, de Angélica Liddell
Tradução Beatriz Sayad

DENTRO DA TERRA, de José Manuel Mora
Tradução Roberto Alvim

MÜNCHAUSEN, de Lucía Vilanova
Tradução Pedro Brício

NN12, de Gracia Morales
Tradução Gilberto Gawronski

O PRINCÍPIO DE ARQUIMEDES, de Josep Maria Miró i Coromina
Tradução Luís Artur Nunes

OS CORPOS PERDIDOS, de José Manuel Mora
Tradução Cibele Forjaz

CLIFF (PRECIPÍCIO), de Alberto Conejero López
Tradução Fernando Yamamoto

2018

1ª impressão

Este livro foi composto em Univers.
Impresso pelo Grupo SmartPrinter
sobre papel Polen Bold LD 70g/m².